D1083166

hRjC

Serie · Ciclos · de vida

El ciclo de vida de un

león

Bobbie Kalman & Amanda Bishop

🌴 Crabtree Publishing Company

www.crabtreebooks.com

Serie Ciclos de vida
Un libro de Bobbie Kalman

Dedicado por Amanda Bishop
Para Mummu y Grampsie, cuya manada ha representado siempre el mundo para mí

Editora en jefe
Bobbie Kalman

Equipo de redacción
Bobbie Kalman
Amanda Bishop

Editoras
Niki Walker
Kathryn Smithyman

Editor de originales
Jaimie Nathan

Diseño de portada y página de título
Campbell Creative Services

Diseño por computadora
Margaret Amy Reiach

Coordinación de producción
Heather Fitzpatrick

Investigador fotográfico
Jaimie Nathan

Consultora
Patricia Loesche, Ph.D., Programa de comportamiento de animales, Departamento de Psicología, University of Washington

Fotografías
Erwin y Peggy Bauer / Wildstock: página 6
  Michael Turco: páginas 16, 17
Otras imágenes de Corbis Images, Digital Stock y Digital Vision

Ilustraciones
Bonna Rouse: página 5 (parte superior derecha y pie de página a la izquierda), 6, 7 (pie de página a la derecha), 9, 13, 14, 30
Barbara Bedell: página 5 (pie de página a la derecha), 7 (pie de página a la izquierda), 18, 26, 27, 29, 30, 31
Margaret Amy Reiach: logotipo de la serie, página 17
Tiffany Wybouw: borde de león, página 10

Traducción
Servicios de traducción al español y de composición de textos suministrados por translations.com

Crabtree Publishing Company
www.crabtreebooks.com   1-800-387-7650

Library of Congress Cataloging-in-Publication Data
Kalman, Bobbie, 1947-
  [Life cycle of a lion. Spanish]
  El ciclo de vida de un león / written by Bobbie Kalman & Amanda Bishop.
    p. cm. -- (Serie ciclos de vida)
  Includes index.
  ISBN-13: 978-0-7787-8664-1 (rlb : alk. paper)
  ISBN-10: 0-7787-8664-1 (rlb : alk. paper)
  ISBN-13: 978-0-7787-8710-5 (pb : alk. paper)
  ISBN-10: 0-7787-8710-9 (pb : alk. paper)
  1. Lions--Life cycles--Juvenile literature. I. Bishop, Amanda. II. Title.
  QL737.C23K34818 2005
  599.757--dc22
                                    2005003276
                                    LC

Publicado en los Estados Unidos
PMB16A
350 Fifth Ave.
Suite 3308
New York, NY
10118

Publicado en Canadá
616 Welland Ave.,
St. Catharines, Ontario
Canada
L2M 5V6

Publicado en el Reino Unido
73 Lime Walk
Headington
Oxford
OX3 7AD
United Kingdom

Publicado en Australia
386 Mt. Alexander Rd.,
Ascot Vale (Melbourne)
V1C 3032

Contenido

¿Qué es un león?

Un león es un **mamífero**. Los mamíferos son animales **de sangre caliente**. Su cuerpo mantiene la misma temperatura incluso cuando la temperatura del ambiente cambia. Las crías de los mamíferos nacen con pelo y beben leche del cuerpo de la madre.

Miembros de la familia felina

Los leones son miembros de la familia de los felinos, *Félidos*. Son parientes cercanos de los grandes felinos que rugen, como los tigres y leopardos. Los leones son **carnívoros**, es decir, sólo comen carne. Son **depredadores** que cazan y matan a otros animales para alimentarse. Usan sus dientes filosos para desgarrar la carne y sus lenguas ásperas para limpiar los huesos.

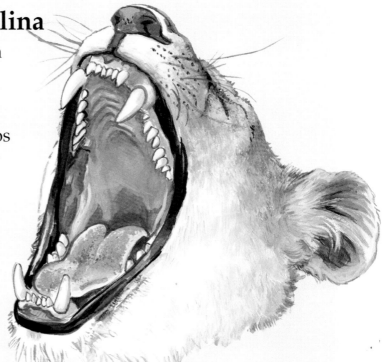

*(derecha) Los leones atrapan e inmovilizan a sus **presas** con sus dientes filosos.*

melena

*(izquierda) Los leones machos tienen una apariencia diferente de las **leonas**, o hembras. Al león macho le crece una **melena** larga y espesa en su cabeza, cuello y hombros. Las hembras no tienen melenas.*

Los leopardos (arriba izquierda) y los tigres (arriba derecha) también son miembros de la familia de los Félidos.

¿Dónde viven los leones?

Hay dos **especies**, o tipos, de leones: el africano y el asiático. Cada tipo lleva el nombre del continente en el que se encuentra: África o Asia. Es difícil diferenciar a un león asiático de uno africano a simple vista. Los leones asiáticos tienen melena más corta que los africanos, y tienen un pliegue de piel en su vientre. Sólo quedan cerca de 300 leones asiáticos en su hábitat natural.

India

Zona
protegida
de Gir

En el pasado, los leones asiáticos vivían en Europa meridional, Oriente Medio y Asia. Hoy, son especies **en peligro de extinción**. Los únicos leones asiáticos que aún viven en estado salvaje se encuentran en un pequeño bosque llamado la Zona protegida de Gir, en la India, un país en Asia.

Leones africanos

La mayoría de los leones del mundo viven en el continente africano. Entre 10,000 y 30,000 leones africanos viven en las **sabanas**, o praderas, de países africanos, como Kenia, Uganda, Tanzania y Botswana. El mapa de la derecha muestra la zona de distribución del león africano.

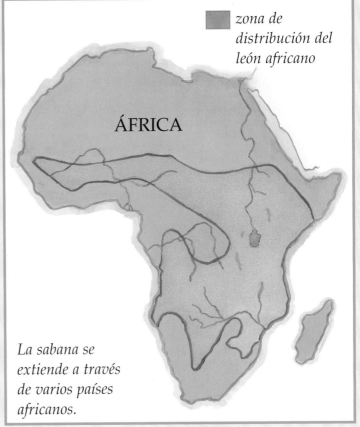

zona de distribución del león africano

ÁFRICA

La sabana se extiende a través de varios países africanos.

¿Qué es un ciclo de vida?

Todos los animales pasan por una serie de cambios que se llama el **ciclo de vida**. Nacen, crecen y se convierten en adultos. Como adultos, **se reproducen**, o tienen crías propias. Este libro es acerca del ciclo de vida del león africano.

El ciclo de vida no es lo mismo que el período de vida. El **período de vida** es el tiempo que un animal vive. En su hábitat natural, una leona puede vivir hasta dieciocho años, pero sus crías machos sólo vivirán cerca de once años.

El ciclo de vida de un león

El ciclo de vida de un león comienza cuando nace una cría. Las crías de león, o **cachorros**, nacen en **camadas** de dos o tres cachorros. Las leonas **amamantan**, o dan de mamar a los cachorros, hasta que éstos pueden comer carne. Los cachorros continúan creciendo hasta que son adultos, o capaces de reproducirse. Las hembras son **adultas** cuando tienen entre dos y cuatro años. Los machos alcanzan su desarrollo completo a los cinco o seis años. Los machos y hembras adultos se **aparean**, o se unen para tener crías. Las hembras quedan **preñadas** y paren las crías. Cuando nace un cachorro, comienza un nuevo ciclo de vida.

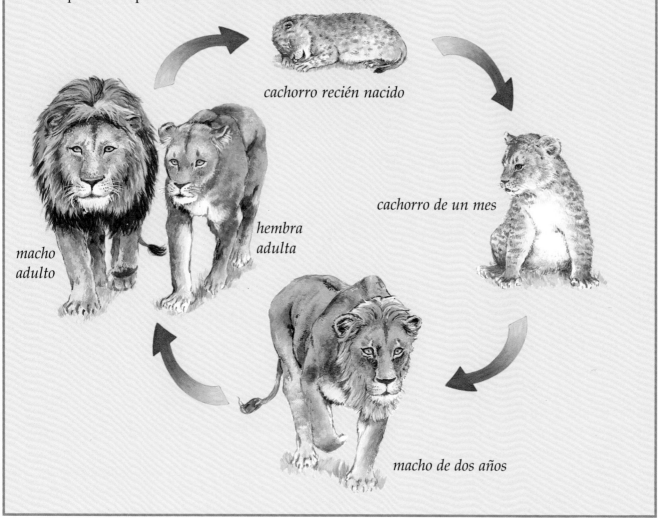

cachorro recién nacido

cachorro de un mes

hembra adulta

macho adulto

macho de dos años

 # La vida en la manada

Los leones son los únicos felinos que viven en grupos de familia. Un grupo de leones se llama una **manada**. En las manadas hay de dos a dieciocho leonas y sus cachorros. La mayoría de las manadas también incluyen hasta tres leones machos adultos. Cada manada vive en su propia área, llamada **territorio**. En un territorio, hay suficientes presas para alimentar a toda la manada. Los leones y leonas cazan presas para alimentar a todos los miembros de la manada. También trabajan juntos para criar y proteger a sus cachorros.

Estos jóvenes leones y leonas pertenecen a una manada. Las leonas permanecerán con la manada incluso como adultas.

Machos dominantes

Los machos adultos de la manada se llaman machos **dominantes**, porque se aparean con las hembras de la manada y alejan a otros machos. Vigilan el territorio de la manada marcando sus **límites**, o fronteras, con un aroma y manteniendo una guardia cautelosa contra intrusos y presas. Los machos más viejos también deben estar al acecho de machos más jóvenes que puedan desafiarlos por su posición en la manada.

En áreas con buena caza y abundante agua fresca, una manada puede alcanzar un gran tamaño.

En camada

Las leonas preñadas llevan a sus cachorros dentro de su cuerpo mientras están en **período de gestación**, o están en crecimiento y desarrollo. El período de gestación dura casi cuatro meses. Cuando una leona está lista para parir, se aleja de la manada a un lugar seguro y tranquilo. Luego, pare a una camada de dos, tres o cuatro cachorros. Al nacer, cada cachorro pesa alrededor de tres o cuatro libras (1.4-1.8 kg).

Dependientes de mamá

Los cachorros nacen ciegos. Su madre los ayuda a encontrar sus pezones para poder amamantarlos. Las leonas amamantan a sus cachorros durante casi ocho meses. Después de seis semanas, también comienzan a comer un poco de carne que les trae su madre.

Los cachorros tienen manchas que les sirven como camuflaje. La mayoría de las manchas desaparecen a medida que crecen, pero muchas hembras adultas conservan unas manchas tenues. Las manchas ayudan a que las hembras pasen desapercibidas durante la caza.

En la guarida del león

Cuando la madre caza, los cachorros
permanecen en la **guarida**, o refugio, que
está bien oculta. Se apiñan entre ellos
y permanecen quietos para que los
depredadores no los perciban. A veces, su
madre debe cambiarlos de lugar. La leona
los levanta con sus dientes y los transporta
uno por uno a una nueva guarida.

Unirse a la manada

Los cachorros se unen a la manada cuando pueden desplazarse por sí mismos, generalmente cuando tienen cerca de dos meses. Su madre los guía desde su guarida y los presenta a los demás leones y cachorros. Al principio, los cachorros se asustan de sus parientes mayores y se esconden detrás de su madre.

Sin embargo, no tardan mucho tiempo en tomar confianza. Juegan con los otros cachorros y comienzan a pasar el tiempo con otros miembros de la manada. Las leonas a menudo cuidan a los cachorros de otras leonas, como se muestra arriba. Cuando la madre se va a cazar, las otras leonas incluso amamantan a los cachorros.

Encuentro con el "melenudo"

Los machos dominantes en la manada son pacientes con los nuevos miembros. Permiten que los cachorros jueguen con sus colas. Los cachorros jalonean el mechón negro de la cola, de la misma manera que los gatitos zarandean una bola de estambre. Cuando la comida escasea, es más probable que sean los machos quienes compartan la comida con los cachorros, y no las hembras. A veces, el macho impide que las hembras sigan alimentándose para que los cachorros puedan comer.

Aprendizaje de la lengua

Los cachorros deben aprender a comunicarse para cooperar con los otros miembros de la manada. Rugen, gruñen, ladran, tosen y muestran sus dientes entre ellos y a otros animales. Cada sonido tiene un significado. Los leones también usan el **lenguaje corporal** para comunicarse. Frotan sus frentes, rostros o cuerpos contra los de otros leones como un saludo.

Crecimiento

Toda la manada cuida a los cachorros cuando son pequeños, pero a medida que crecen, se espera que puedan actuar independientemente. Las leonas dejan de alimentarlos cuando tienen alrededor de diez meses. Para ese entonces, los cachorros deben haber presenciado una **captura** y aprendido a competir entre ellos por su ración. También aprenden que deben defender su presa de las hienas, que a menudo tratan de robar el alimento.

Aprender a cazar

Los leones cachorros adoran forcejear y luchar entre ellos. El juego fortalece a los cachorros y los prepara para la caza. Cuando los cachorros tienen un año, comienzan a aprender a cazar sus propias presas. Para poder enseñarles las destrezas de la caza, su madre atrapa a un animal pequeño, como una liebre, y se los entrega vivo. Luego, los cachorros compiten para matar y comer la presa.

 Listos para sobrevivir

Las cachorras alcanzan su tamaño total al año y medio. Son lo suficientemente fuertes como para ayudar en la caza y comienzan a **acechar** a sus propias presas. Las cachorras encuentran su lugar en la manada y permanecen con su grupo familiar durante toda su vida. Sin embargo, a medida que los machos jóvenes llegan a la edad adulta, ya no son tan bienvenidos como cuando eran cachorros.

¡Hora de partir!

Los cachorros machos pronto deben abandonar la manada. Sólo los machos dominantes pueden aparearse con las hembras de la manada, de manera que el resto de los machos se ven obligados a irse, incluso antes de completar su desarrollo. Los leones jóvenes abandonan la manada cuando tienen cerca de dos años de edad, cuando sus melenas comienzan a crecer. Deben tratar de encontrar una nueva manada para cuando sean adultos, alrededor de los cinco años. La partida de su primera manada es la manera en que la naturaleza les asegura que ellos también tendrán una oportunidad para reproducirse.

Estos machos jóvenes comienzan a lucir como adultos. Su cuerpo es mucho más grande, la melena comienza a crecer alrededor de su cuello y casi todas las manchas del pelaje han desaparecido.

Leones adultos

Un macho adulto puede pesar entre 385 y 420 libras (175-190 kg). La apariencia del cuerpo fuerte y melena abundante del león desanima a sus rivales.

Sin embargo, el gran tamaño del león no siempre es favorable. No es fácil que un macho se acerque a su presa sin ser visto, por eso el león caza animales grandes y lentos.

Su tamaño

Las leonas adultas pesan entre 240 y 285 libras (110-130 kg). La mayoría es de menor tamaño que los machos. También son más **ágiles**, o capaces de moverse rápida y repentinamente. Las leonas están mejor preparadas para cazar presas pequeñas o medianas. Cuando se agazapan, su pelaje se confunde fácilmente con la sabana para camuflarlas.

El pasto alto ayuda a ocultar a estas leonas mientras están echadas.

Machos dominantes

Cuando abandonan la manada, los machos jóvenes a menudo permanecen en grupo para cazar. Después de dos o tres años, se separan en parejas o grupos de a tres. En general, los hermanos se quedan juntos. Deambulan y cazan a lo largo de los límites de los territorios de otras manadas. Pronto, serán suficientemente fuertes para desafiar al macho o machos dominantes de alguna de las manadas.

Pelear por el control

Uno o dos leones jóvenes pueden enfrentar a un macho o machos dominantes para apoderarse de sus roles en una manada. A menudo, los machos jóvenes son lo suficiente fuertes para derrotar a un macho o machos más viejos. Si los leones más jóvenes ganan la lucha, se convierten en los machos dominantes de la manada. Si son derrotados, deben retirarse y continuar su búsqueda de una manada.

Tener crías

Los machos dominantes en la manada se aparean con cada hembra madura. Cuando una hembra está lista para aparearse, despide un aroma para atraer a los machos. Sólo produce este aroma cuando está en **celo**, o estro. Una leona entra en celo cuando su cuerpo está listo para reproducirse.

Nuevas parejas

Cuando los nuevos machos se apoderan del rol dominante en una manada, tienen el **instinto** de aparearse lo antes posible. Una de las razones por la que se unen a una manada es para aparearse con hembras y tener crías propias. No les interesa criar cachorros de otros machos.

Fuera de aquí

Cuando las leonas cuidan a los cachorros, no entran en celo. Por eso, los nuevos machos tratan de matar a todos los cachorros más pequeños en la manada. Cuando las leonas no tienen cachorros, entran en celo naturalmente y los machos dominantes tienen más posibilidades de aparearse con ellas.

Si una leona no quiere aparearse, le da un zarpazo al macho y le gruñe.

Primeros en la cadena alimentaria

Como en la sabana puede hacer mucho calor durante el día, los leones prefieren cazar en la noche, cuando está más fresco. Sin embargo, son cazadores **oportunos**. Si ven la posibilidad de una caza exitosa durante el día, van tras ella.

Las manadas de animales que **pastan**, o se alimentan, en las praderas son la presa preferida de los leones. Entre estos animales están las cebras, búfalos y ñus. ¡Cualquiera de estos animales son lo suficientemente grandes como para alimentar a una manada completa!

Comer como león

En un sólo día, una leona puede comer hasta 55 libras (25 kg) de carne, y un león macho puede devorar ¡hasta 95 libras (43 kg)! Los leones atrapan a su presa sólo tres de cada diez veces que cazan, así que comen tanto como pueden cuando hay comida. Cuando la comida escasea, los leones intentan capturar crías o animales enfermos o heridos que son presas más fáciles.

(izquierda) Los leones no siempre atrapan a sus presas. Este jabalí, por ejemplo, logró escapar.

¡A comer!

En cuanto los leones derriban a un animal, comienza la competencia por la comida. Primero comen los machos dominantes, que devoran tanta carne como quepa en su estómago. Luego, las hembras adultas pelean por su ración. Los cachorros comen de último, si ya tienen edad para alimentarse por sí mismos. Cuando los leones han terminado de comer, los **carroñeros**, como este buitre, se abaten sobre la presa y comen los restos.

Competir por la comida

Tanto los leones, leopardos, guepardos y las hienas compiten por la comida. Los leones son los únicos animales que respetan los límites de sus manadas. Por lo tanto, una manada puede encontrar animales como las hienas en su territorio. Cuando los leones encuentran a estos intrusos en su zona, los atacan para proteger sus alimentos.

¡No es cosa de risa!

De todos los rivales en las llanuras, las hienas son los peores enemigos de la manada. Los leones y las hienas deambulan por la misma tierra y cazan los mismos animales. Antes los científicos creían que los leones siempre cazaban y que las hienas siempre actuaban como carroñeros, es decir, que se alimentaban de los restos. Ahora saben que las hienas llegan a enfrentar a los leones por una presa fresca. Un gran grupo de hienas puede perseguir a una manada y robar su comida. Las hienas también atacan a las leonas que se separan de su manada, y representan una verdadera amenaza para los cachorros. A veces, los leones atacan y matan a las hembras dominantes de las manadas de hienas, pero casi nunca las comen.

Peligros para los leones

A pesar de su cuerpo fuerte y familia leal, los leones están en peligro. Los **cazadores furtivos**, o personas que cazan ilegalmente, matan a los leones para vender sus garras y colas a los turistas. Los granjeros que crían animales a veces disparan a los leones porque éstos, cuando están hambrientos, atacan al ganado. Sin embargo, el mayor peligro para los leones es la **pérdida de su hábitat**.

A medida que la gente construye ciudades y carreteras, los leones pierden la tierra en la que deambulan y cazan. Si los leones tratan de permanecer en sus viejos territorios, serán cazados, especialmente si atacan a personas o animales de granja. Los que quedan se confinan en áreas pequeñas. Como resultado, tienen menos alimento, agua y espacio para deambular.

Enfermedades mortales

En África, las poblaciones de leones son bastante fuertes. Las enfermedades pueden matar a los leones, pero las manadas viven lo suficientemente apartadas de manera que no se contagian fácilmente.

Las enfermedades representan una mayor amenaza en Asia, donde los pocos leones que quedan viven cerca. Los científicos temen que todos los leones que viven dentro de los límites de la Zona protegida de Gir puedan morir si se desata una enfermedad grave.

Ayudar a los leones

Mucha gente en el mundo quiere ayudar a los leones. El gobierno de la India y de muchos países africanos han establecido zonas protegidas para los leones y otras especies silvestres. En estas zonas, la matanza de leones es ilegal.

Los científicos también esperan introducir leones en otras áreas, especialmente en Asia. Piensan que la cantidad de leones asiáticos puede aumentar si se traslada algunos leones a otras partes del continente.

¡Colabora!

A pesar de que los leones viven lejos, tú puedes ayudarlos. La mejor manera de ayudar a los leones es aprender sobre ellos y sobre sus problemas. Lee sobre el trabajo que están realizando los científicos. Si crees que su investigación es útil, puedes apoyarlos ayudando a recaudar dinero para su trabajo.

La leyenda de Androcles y el león

Durante la época en que los gladiadores luchaban contra los leones en el Coliseo romano, vivía un esclavo llamado Androcles. Una noche, Androcles escapó de su amo y se escondió en un bosque donde se encontró con un león herido. El león tenía clavada una espina en la pata. El valiente Androcles tomó la pata del león con sus manos y le quitó la espina. Luego, cuando Androcles fue apresado y forzado a convertirse en gladiador, se encontró nuevamente con el león, ¡en la arena del circo! El león reconoció a Androcles y no quiso luchar contra él. Se dice que a partir de ese día Androcles y el león fueron grandes compañeros. Nunca se sabe cuando puedes necesitar la ayuda de un león. ¡Tendrás tu recompensa si ayudas a los leones!

Glosario

Nota: Es posible que las palabras en negrita que están definidas en su contexto no aparezcan en el glosario.

acechar Vigilar y acercarse a la presa durante una caza

camada Conjunto de crías nacidas de una madre al mismo tiempo

camuflaje Colores y diseños de la piel que ayudan a las plantas y animales a mezclarse con el ambiente que los rodea

captura Un animal apresado que es comido por otros animales

carroñero Animal que se alimenta de restos de carne en vez de cazar

en peligro de extinción Palabra que describe a una especie de planta o animal que está en peligro de desaparecer de la Tierra

instinto El conocimiento o deseo natural de un animal

lenguaje corporal Manera de enviar mensajes usando poses, gestos y expresiones faciales

pérdida del hábitat La reducción de lugares naturales donde viven plantas y animales

preñada Hembra que lleva uno o más fetos dentro de su cuerpo

presa Animal que es cazado y comido por otros animales

territorio Área que una manada defiende como propia

Índice

1 2 3 4 5 6 7 8 9 0   Impreso en Canadá   4 3 2 1 0 9 8 7 6 5